AF276004

NUPCIAS DE CENIZA

NUPCIAS DE CENIZA

RAFAEL TIBURCIO GARCÍA

Valparaíso
EDICIONES

Número 493 de la Colección VALPARAÍSO DE POESÍA
dirigida por FEDERICO DÍAZ-GRANADOS

Diseño de colección y portada: Chari Nogales
Maquetación: Carlos Henson

Primera edición: junio de 2025

© De los poemas: Rafael Tiburcio García
© Diseño de portada: Makarena Kramcsák Muñoz, «Destellos
en la penumbra», en tinta, pintado digital (Chile, 2025)

© Valparaíso Ediciones
   C/ Fray Leopoldo, 7 bajo, 18014 Granada
   www.valparaisoediciones.es

   ISBN: 979-13-87538-51-4
   Depósito Legal: GR 751-2025

   Impreso en España - *Printed in Spain*
   Gráficas Gami

NUPCIAS DE CENIZA

Para Alejandra,
una vez más

Aprende que Alá nos ha dado el amor
como ha dado veneno a ciertas plantas.
OMAR KHAYYAM

EPITAFIO

TROPEZAR es el único sendero
para aquellos que hicimos
de la traición un hábito:
adictos al error, que voluntariamente
perdemos el mapa del propio rumbo.

Me casaba en tres días.
Al otro extremo de los caminos de ceniza
esperaba Adelaida;
dormida donde el invierno es más frío:
bajo la sombra de los árboles.

Mas mi alma sigue presa
donde los rayos del sol no la alcanzan.
Y yo sólo anhelo que me cobije
la tierra oscurecida debajo de las sombras.

BITÁCORA

Y yo remonto apresurado,
nadador impotente, enfurecido,
la corriente del tiempo,
para buscar los días como joyas
que alguna vez miramos como eternos
RUBÉN BONIFAZ NUÑO

Todo arde en el final de la tierra,
en este fuego, a pie del mar.
DIEGO JOSÉ

¿QUIÉN DESEA legar desgracia
a su paso por la Tierra,
hilar los fragmentos de su bondad,
seguirlos de regreso cuando el alma se disgrega?

Quizá me aferre al lazo invisible
que guía mi regreso.
Quizá pueda volver a hilvanar nuestro destino
aunque no merezca, Adelaida, lo que perdí.

Me conformaré con cuidar tus marchitos restos.
Para mí será lo mismo esperar
a que la enfermedad o la tristeza
me arrebaten tu vida.

NAVEGO AGUAS GRISES entre niebla
en mi peregrinaje hacia la oscuridad;
en este ensueño cíclico
que sólo hallará su tangente
en las luces del puerto,
o el naufragio.

CUANDO LA LUNA es nueva
la negrura borra el horizonte.

No descienden del mar las olas
sino de la misma noche.

RESPIRO EL AIRE, la yerma frontera,
los ásperos labios de una extraña.
La rosa gira
al ritmo del réquiem del viento.

La brisa nos empuja mar adentro.
Lejos se apaga un faro devastado.
Mi barca de arena se hunde entre escollos,
se disgrega al romper las olas grises.

Una danza sensual inunda el arrecife:
de hienas de coral,
anémonas tortuga.
El carnaval marino
arranca sombríos lamentos.
Me ahoga la mar embravecida.

VELO de agua
bordado con hilos de sal,
saetas de peste.

El telón del crepúsculo
desciende,
reseca el fango sobre la tierra,
carne tibia
de un vientre malherido.

Los huracanes soplan
de su templo ruinoso
al barranco abierto
bajo tus mejillas.

¿CUÁNDO DEJARÁ EL SOL de temer a la noche,
cuándo la arena de avanzar tierra adentro?
¿Detendrá el Universo su empeño
de apartarse de sí mismo, disgregado?

¿Cuándo,
hombre en constante escape,
no seré de mi vida proscrito?

QUE CAIGAN cien anatemas,
que mi lengua se anude
y los dientes la desgarren,
que ningún canto germine,
que mis manos se derrumben con el viento.

Que caigan cien anatemas.
Que mis padres me maldigan,
que las casas que edifique se colapsen,
que la alquimia me abandone.
Que los planetas estallen, silenciosos,
que las nubes se desgarren a mi paso
y la luz de las ciudades
oscurezca las estrellas.

Qué caigan cien anatemas,
que mi cuerpo, cáscara desmemoriada,
se pierda entre las naciones
y mendigue amor durante cien vidas.

 Que sus pechos tengan sabor a mercurio
 y sus besos, aguijones venenosos.
 Que su sexo oculte fauces de lagarto.

Qué caigan cien anatemas
si de nuevo cambio el sol por un relámpago,
si otra vez escucho el réquiem del viento,
si otro cuerpo;
si descanso en los colmillos de las fieras.

CORRESPONDENCIA

Todo está lleno de ti,
traspasado de tu pelo:
de algo que no he conseguido
y que busco entre tus huesos.
MIGUEL HERNÁNDEZ

HUESOS DE PECES antiguos florecen
en las sendas circulares de las dunas.
A veces parece fácil seguir
a los espejismos en el desierto;
beber de ellos, pensando que son agua
los puñados de arena.

QUÉ ES LA TRAICIÓN, Adelaida, sino derrota,
caminar senderos que nos alejan.

Es una enfermedad que come el corazón.
Aliviarla, un esfuerzo inútil:
es ofrecerte agua de mar mientras naufragas.

Es unir los fragmentos de una escultura rota
y exhibirla, esperando que nadie se dé cuenta.

MI CABEZA, incensario;
bilis negra, su incienso;
exhala niebla en vez de humo.

Fosa donde cualquiera
    arroja sus cadáveres,
cementerio errante,
colección de lágrimas y ceniza.

Cáliz que fermenta mi sangre enferma
en espera de tus labios sedientos
para extinguir su palabra.

FUISTE UNA OSA vestida de asno
pero nunca dejaste de hablar con tu espejo.
Yo fui el asno envuelto en pieles de tigre,
erigí refugios de palo
y siempre los tiró el viento.

NUESTRA VIDA FUE UN CÁNTARO que derramó su agua
toda se consumió entre la arena;
nos redujo a espejismos.

Surgimos de una grieta
con miradas de esperanza que la tierra no cegó.
El sol reveló el camino
y avanzamos seguros;
no quemó nuestros ojos ni rajó nuestra piel,
pero, cada vez que nos distrajimos,
bebió nuestra cordura.

A cambio, adivinamos el sendero
tras el aire caliente que torcía las dunas,
mojamos nuestros labios
en el agua de los pozos que cavamos con las manos.

Y miramos adelante, siempre adelante,
nos volvimos tan ligeros
que el desierto no torció nuestros pasos.

Tú alzaste de la arena el cántaro resquebrajado;
yo, los pecados que anidaban en mi sombra.

CAÍMOS POR AZAR en campos de batalla,
un espejo manó de nuestras venas;
dibujó el ocaso.

El fuego se extinguió;
se evaporó la carne en el soplo del viento;
pero tú y yo seguimos plantados aquí.

Encima de los huesos que afilan la llanura
nuestra hierba crece entre la ceniza.

FUISTE UNA SOMBRA que arrastró su figura;
tu voz se perdió en el eco de las peñas,
tu calor se disolvió en el sol de agosto.
De ti no quedaron más que cenizas.

Fuiste una pesadilla,
una ninfa presa en su capullo.
Aun así, se dispersaron tus esporas;
mientras yo seguí con pies enraizados
en la tierra siempre voraz e infértil
   (por más agua que bebió, nunca cerró sus grietas).

Pastor de un hato de gorgonas,
mi lengua se llenó de cardos;
el aire que exhalé cayó al suelo
   convertido en piedra.
De mis ojos nacieron colas de escorpiones
   con el don de envenenar todo lo que temen.

Fui sombra.
A todo lo que tocaron mis manos
   le brotaron espinas.

Pero antes de tocarme el pecho,
de unirme con mi mundo devastado,
detuviste mis manos con incendios;
quizá porque sabías que sólo con el fuego
se abren mis semillas.

Fuiste una sombra,
   más que una sombra.
Sin saberlo, fui tu doble.
Nunca nos partieron por completo.

¿FUE PRIMERO EL FÉNIX, o fueron las cenizas?

MEMORIAS

A los muertos resucitará Dios, quizás. Pero no coserá
los jirones ni tapará las grietas.
YEHUDA AMIJAÍ

DE NUESTRO AMOR sólo quedó ceniza:
un polvo incandescente que nos coció la piel
sofocó los rincones que habitamos
y oscureció el aire a nuestras espaldas.

Sus alas cubrieron hasta la sombra.
Y yo, que deseaba la transparencia,
no vi más que aquel rastro, esparcido en el viento,
        cerrar mis ojos cuando los tocaba.

Algunas veces quise arrancarme la mano
para no contemplar el camino partido
        dibujado en mi palma.
Harto de ver al Diablo remedando mi rostro
        detrás de los espejos,
tan cortés al anunciar sus ataques,
que yo sólo alcanzaba a ofrecer la garganta,
esperando que fallara su tajo.

¿Qué promesas ocultaban mis huesos
que los mismos demonios me querían de amante?

¿Cuántas lágrimas apagarían el incendio
que inició un puñado de cenizas?

¿Dónde, si no aquí dentro,
habría de quemarse
tanto odio…

no basta,
no calma esta amargura,
este sendero que se estrecha.
No hay cantos ni hay vientos que borren
las huellas hundidas en las cenizas.
El agua se ensombrece, la tierra se corrompe,
las flores se pudren con cada aurora.

Las aves escondidas duermen entre los árboles;
y callan los grillos al escuchar
mis pasos en la hierba.

Despojado del don / para hablarle a animales y flores,
sólo puedo esperar
        que el veneno que incuba en mi sangre
no extinga tu vida tan pronto.

De cualquier modo, me levantas,
destierras a las sombras que anidan en mi pecho,
esparces cenizas sobre las llagas;
recoges mis pedazos dispersos por el solsticio
y dibujas el mapa que me guía de vuelta.
Mas no tengo respuestas para ti.

Regreso ahí donde quebré nuestro destino.
Sólo al transfigurar los lamentos
en versos, que registran el paso de los días,
se tornan en promesas.

Los corazones hablan lenguas incomprensibles:
mis manos ampolladas,

tu boca navegando por mi espalda,
tu risa renaciendo en los rincones,
la cama que refugia dos cuerpos abatidos
quizá respondan al enigma
    de mi traición, de mi regreso,
que mi propia voz no ha sabido revelarte.

Nuestras nupcias de ceniza renacen,
                caminamos hacia el altar
y parece que las pequeñas aves
levantan la cabeza
    ahí donde pisamos.

RECORRÍ el camino
y fui como un profeta:
prediqué con palabras
colmadas de bondad,
mas no pude entenderlas.

NOS DETENEMOS a la mitad de la caída,
donde el abismo no es más que un mito.
Aves estáticas cruzan los cielos,
el pensamiento mismo se congela.

Deseaba acompañarte,
pero la oscuridad que me aguarda
no es la misma que devorará tu alegría
antes de que toques el fondo.

Podemos separarnos,
romper nuestros cuerpos contra las rocas,
quedarnos donde nadie vuelva
        a pronunciar nuestros nombres,
y esperar a que el suelo escupa
estatuas de sal
que imiten nuestros huesos.

O buscar ahí donde la luz quieta
        nos muestra siempre iguales.
Donde desgarramos el firmamento.
Ahí donde la mirada invierte el horizonte
para caer entre las nubes.

Nos detenemos a la mitad de la caída,
pero sólo postergamos el beso
        que prometimos a la tierra.

AL FONDO del barranco,
un árbol solitario me sostiene / tras la caída.
La vida brota de sus ramas.

Palpo su tronco con mis manos
en espera de que me sane con su palabra;
pero no dice nada, sólo está ahí,
silencioso como el sol que lo alimenta,
cada día más viejo, como la tierra misma.

En sus raíces busco parábolas ocultas,
el curso de los tiempos trazado en su corteza,
la cura de tu cuerpo en sus semillas;
pero nada descubro.

Sólo al mirar la luz que escurre entre sus hojas
        alumbrar mi reflejo en gotas de rocío,
entiendo que ames a un hombre roto.

Al árbol mutilado le crecen ramas nuevas.

UNA PARTE de mí caerá
allá donde el otoño grita
        sus últimas injurias;
una parte de mí, despedazada,
alimentará al barranco.

No volveré a ser aquel a quien deseaste,
pero volveré a tu vientre,
a los frutos que brotan con tu risa,
a tus voces que arrancan mi nombre de su tumba,
a la intimidad de tu tibieza primigenia,
al bautismo que mana de tus labios.

¿QUÉ CLASE DE DIOS iracundo
se manifiesta cuando nuestros gritos
ahogan los espacios de la casa?

Me niego a aceptar la respuesta simple:
que la energía de la muerte,
el paroxismo en secreto anhelado
anida en nuestras palabras,
escapa de nuestros bífidos labios
    y nos vuelve,
      Adelaida,
    demonios
que imitan la rabia de Dios
de manera imperfecta.

NEGARÁS LAS CARICIAS que ibas a entregarme
en los días que le queden a nuestra vida.
Tu risa no retoñará, / no entre mis manos;
antes será tragada por la memoria,
en las arenas movedizas
donde construimos nuestra morada.

No hay perfume que quite la peste
        enquistada en mi garganta.
Lo sé porque alejas tu rostro;
y paso cada noche
        tratando de arrancarte una mirada
para que no pienses que te ultraja un desconocido
con ojos cansados que ya no escrutan
el arsénico dormido en tus lágrimas.

Pero una palabra no cierra
        la herida de otro cuerpo;
y el alma disgregada en juramentos débiles
no se reconstruye.

NO QUEDARÁ ni la sonrisa accidental de un niño.
No bastará mi deseo
para sanar tu malherido vientre.
Ya no habrá nada en esta casa:
sólo jardines hartos de florecer en vano
y palmas bendecidas detrás de los portales.

Sólo una bestia sometida
al fondo de la caja de Pandora

pasa los días postrada en su jaula abierta
y ya no se atreve ni a estirar las alas.

TESTAMENTO

Nada queda del amor sino nosotros.
JORGE FERNÁNDEZ GRANADOS

el abismo está lleno de flores
MARTÍN RANGEL

LEVANTEMOS nuestras manos al alba.
Hay destellos dorados detrás del horizonte.
Será el sol en tu cabello
    un regalo que ciega:
miel y quemará mis labios.

Alcemos nuestro canto,
que estas débiles voces
vuelen sobre tormentas de arena.
Que el viento sea
    nuestro nuevo santuario.

    Caballos de fuego cabalgan
    hacia la nación de los hiperbóreos.

Besa mi frente,
hazme dormir en las aguas tranquilas
donde no habiten las sombras.

SI ESA LUNA que parece una sonrisa
abre sus ojos de gato salvaje,
¿dónde nos escondemos?,
¿en el *día*?,
¿en el nido transparente que tejemos en la alcoba?

 —*Casi todas las estrellas están muertas.*
 —*Pero basta su recuerdo para iluminar la noche.*
 —*Los caminos de regreso están sembrados de grietas.*
 —*Tal vez un día se abrirán mientras pasamos.*

Las nubes son grises en tu ventana,
no en la mía.
¿Dónde nos encontramos?,
si esa luna no sonríe, sino observa
en el nido transparente que tejemos en la alcoba.

LA RUTINA,
    cabeza de Gorgona,
nos convertirá en piedra al mirarla.
Multipliquemos los espejos.

DEJA A MIS CANTOS bordar sus nidos en tus oídos,
deja que formen espejos claros donde te mires,
donde los mundos en que soñamos,
los juramentos que nos hacemos de madrugada
no se disuelvan con la vigilia.
Quiero que abrases a mi palabra,
y que la entierres entre tus pechos.
Haz que germinen todos mis cantos en tus oídos.

CUANDO EL VIENTO de la noche quiera derribar tu casa,
rosas negras se coronen en la flama de tu espíritu,
en tus manos caiga el mango de una daga de justicia
que no anhele otra caricia más que el roce de mi carne.

Cuando el sueño se deforme tras el humo de un embrujo,
el recuerdo abra las llagas de las viejas cicatrices,
los anhelos que sembramos se marchiten entre el miedo
que reduce a sus escombros nuestro mutuo paraíso.

Danza conmigo, Adelaida. Devuelve mi boca al fuego,
mis ojos a la tormenta. Remienda nuestro destino.
Danza hasta romper mis huesos, vierte tu sangre en mis ruinas,
clava una vez más un alma dentro de esta marioneta.

POR LA MAÑANA, mientras dormías,
recordé cómo empezó toda esta historia;
al otro extremo del camino de cenizas,
cuando nuestras promesas aún tocaban puerto.

—Hagamos el amor hasta ulcerarnos,
que la muerte nos reclamará pronto…

alguna vez te dije, ¿lo recuerdas?
Guarda estos versos
donde nadie los encuentre.

EL GALLO anuncia más que la aurora,
después del primer canto
algo se rompe en la noche,
        invisible.
Las criaturas de la oscuridad se desvanecen
porque el amanecer no viene con el sol.
Llega antes
en las notas que son esperanza,
        que nos recuerdan, en el frío
            que traga nuestros cuerpos abrazados
                (que traga la totalidad del mundo):
hoy también vendrá de oriente,
brillará en tu espalda
rozará los huertos de nuestras sábanas.

Y QUÉ TAL si arrancara
     la mitad de mi historia;
así mi vida podría iniciar
desde el día en que te conocí.

Y qué tal si lo hiciera
     un poco antes,

          si me arrancara de tajo,

          si comenzara de nuevo;

si, al igual que las aves
     o algunos lagartos,
al mirar por primera vez tu rostro,
quedara atado a él
     durante algunos siglos.

AGRADECIMIENTOS

Agradezco a todas las personas que hicieron posible este libro.

A Alejandra por inspirar estos poemas y permanecer conmigo antes, durante y después de todo el proceso de escritura.

A mis padres Rafael y Julieta (†) y a mis hermanas Tatiana y Jéssica por su apoyo y confianza incondicional.

A Jair Cortés, Luis Jorge Boone, Mario Bojórquez y Diego José, todos ellos maestros de estilo que me ayudaron a mantener la coherencia y a contener la borrasca.

A Alfonso Valencia, Diego Castillo, Julio Romano y Andrés Solís, cuya lectura y consejos fraternos ayudaron a este errante a llegar a puerto.

RAFAEL TIBURCIO GARCÍA
Pachuca, Hidalgo, diciembre de 2008/2024

ÍNDICE

TESTAMENTO